LA VERDADERA CIENCIA DEL
CONTROL MENTAL

Corey Anderson

ediciones Lerner ◆ Mineápolis

ediciones Lerner
Una división de Lerner Publishing Group, Inc.
241 First Avenue North
Mineápolis, MN 55401, EE. UU.

Si desea averiguar acerca de niveles de lectura y para obtener más información, favor
consultar este título en www.lernerbooks.com.

Fuente del texto del cuerpo principal: Aptifer Sans LT Pro.
Fuente proporcionada por Linotype AG.

Library of Congress Cataloging-in-Publication Data

Names: Anderson, Corey, author.
Title: La verdadera ciencia del control mental / Corey Anderson.
Other titles: Real science of mind control. Spanish
Description: Minneapolis: ediciones Lerner, [2024] | Series: La verdadera ciencia de los
   superpoderes. Alternator books en Español | Translation of: Real science of mind control. |
   Includes bibliographical references and index. | Audience: Ages 8–12 | Audience: Grades
   4–6 | Summary: "In the hands of a supervillain, mind control is a nightmare. But in real life,
   doctors and scientists control the mind to help patients and improve people's lives. Now
   in Spanish!"—Provided by publisher.
Identifiers: LCCN 2022062135 (print) | LCCN 2022062136 (ebook) | ISBN 9781728491813 (lib.
   bdg.) | ISBN 9798765607701 (pbk.) | ISBN 9781728494746 (eb pdf)
Subjects: LCSH: Control (Psychology)—Juvenile literature. | Mental suggestion—Juvenile
   literature. | Brainwashing—Juvenile literature. | BISAC: JUVENILE NONFICTION / Social
   Science / Psychology | JUVENILE NONFICTION / Paranormal & Supernatural
Classification: LCC BF632.5 A5618 2024 (print) | LCC BF632.5 (ebook) | DDC 158.2—dc23/
   eng/20230222

Fabricado en los Estados Unidos de América
1-53120-51130-12/29/2022

CONTENIDOS

PIENSA PARA GANAR

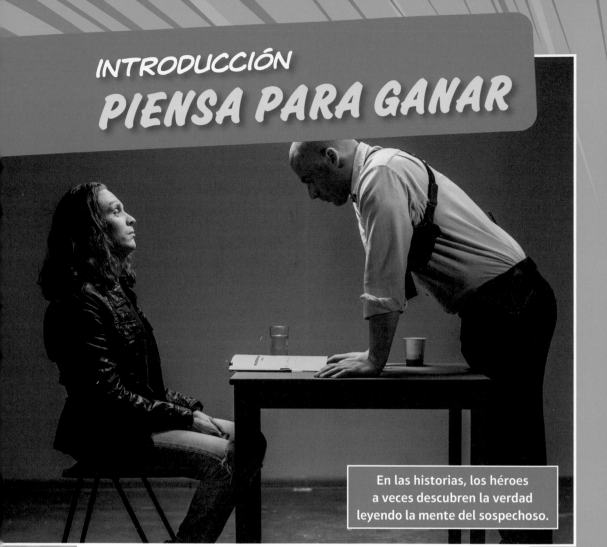

En las historias, los héroes a veces descubren la verdad leyendo la mente del sospechoso.

Estás en una estación de policía, sentado frente a un sospechoso esposado. La policía piensa que se robó una famosa obra de arte, pero él no confiesa dónde la escondió. Estás allí para ayudar. Tienes un superpoder especial.

Miras al sospechoso a los ojos y te concentras. La mente del sospechoso está bajo tu control. Haces que te diga la verdad acerca de dónde ocultó la pintura. La policía va hasta ese lugar y recupera la obra. ¡Eres un héroe!

Este tipo de control mental completo solo sucede en las historietas y en las películas. En realidad, hay algunas formas de influenciar el modo en que una persona actúa o habla. Pero no podemos controlar directamente los pensamientos y las palabras independientes de alguien más.

Sin embargo, controlar máquinas con nuestras mentes se está volviendo una posibilidad real. Imagina enviar un mensaje de texto sin levantar un teléfono. Podrías subir a un automóvil y conducir hasta tu destino pensando a dónde quieres ir. Científicos y técnicos están creando estos avances ahora mismo. Este es nuestro futuro.

En el futuro, es posible que las personas puedan controlar los automóviles con sus pensamientos.

CAPÍTULO 1
CONTROLAR LA MENTE

El control mental es una forma que tienen los héroes de ficción de vencer a los malhechores.

El control mental es la habilidad para que las personas controlen la tecnología con la mente. También puede ser la habilidad de influir en los pensamientos y las acciones de otros. El control mental se puede usar para influenciar a la gente a hablar o hacer cosas de manera diferente a la que lo harían normalmente. A veces, se usa por diversión. Otras veces, se usar para dañar a la gente.

La hipnosis guiada es un tipo de control mental. Un hipnotizador usa la relajación y las técnicas de enfoque para poner a un sujeto humano en un estado como de trance. Un trance es una condición en la que una persona no está plenamente consciente, pero aún en control de sus propias acciones. Son fácilmente influenciables a través de las sugerencias del hipnotizador. Por ejemplo, si el hipnotizador sugiere que la sala está muy fría, la persona hipnotizada sentirá un frío extremo. La hipnosis guiada puede ser divertida. Puede hacer que la gente haga cosas tontas. A veces, se usa como terapia. Ayuda a las personas a dejar malos hábitos, como morderse las uñas.

La hipnosis también se puede ver en las historias de historietas y ciencia ficción. Los malhechores pueden usarla para robar un banco. Podrían hipnotizar a los empleados del banco y decirles que abran una caja de caudales llena de dinero.

La hipnosis puede ayudar a alguien a cambiar un hábito no deseado, como comerse las uñas.

Otra forma de control mental es el lavado de cerebro. El lavado de cerebro es cuando los pensamientos o acciones de una persona se manipulan en contra de su voluntad. A diferencia de un hipnotizador, quien realiza el lavado de cerebro a menudo está en total control de la persona a quien se le está lavando el cerebro. Pueden controlar cosas como el sueño de la persona, lo que come, y la información a la que tienen acceso. Este control le quita a la persona a quien se le hace el lavado de cerebro la capacidad de pensar con independencia. Una persona con el cerebro lavado puede decir o hacer cosas que no pensaría ni haría por su cuenta.

Alguien que lava el cerebro puede controlar cada aspecto de la vida de una persona.

#1. $(7 \times 39) + (3 \times 1) = ?$

#2. $(9 \times 1$ $25) = ?$

#3. $(60 \div 5$

Tener pensamientos positivos ayuda a algunas personas a tener éxito.

A veces, las personas usan el control mental en sí mismas. El poder de la sugestión es una forma de influir en la mente. El solo hecho de pensar de determinada manera sobre algo puede afectar los resultados. Por ejemplo, si piensas que vas a desaprobar en un próximo examen de matemáticas, entonces es más probable que te vaya mal. Si esperas que te vaya bien, esa confianza puede ayudar.

CAPÍTULO 2

MEGAPODER MENTAL

Muchos personajes en las historias y películas usan el control mental para salirse con la suya.

El control mental es uno de los superpoderes más comunes en las historietas, videojuegos e historias de ciencia ficción. Algunos personajes pueden entrar en trance para concentrar su poder. Otras veces, pueden hacer que los personajes se duerman o controlar sus mentes. Es posible que puedan controlar a los personajes a distancia o que tengan que tocarlos para hacerlo. Esto se llama control mental táctil.

El control mental y la hipnosis en las historietas o en la ciencia ficción no es posible en la vida real. La mente de ninguna persona es tan poderosa como para superar la de alguien más.

Las imágenes arremolinadas son una forma popular de ilustrar que alguien está usando el poder del control mental.

El control mental es un poder que también se ve en las películas. Los mundos de fantasía tienen magos que pueden conjurar hechizos y maldiciones de control mental. Sus hechizos pueden usarse para el bien y para el mal.

En las películas de ciencia ficción, algunos personajes tienen habilidades físicas y mentales. Usan trucos mentales para salirse con la suya. Los gestos y tonos de voz hipnotizan a otros personajes. Pero estos trucos mentales solamente funcionan en personajes con mentes débiles.

Los magos usan hechizos para controlar las mentes de otros en algunas historias populares. Algunos pueden hacerlo a distancia.

Un personaje encerrado en un calabozo podría usar el control mental para convencer a un guardia de mente débil para que lo deje salir. O podrían convencer a una multitud de personas a ayudarlo a derribar las paredes del calabozo.

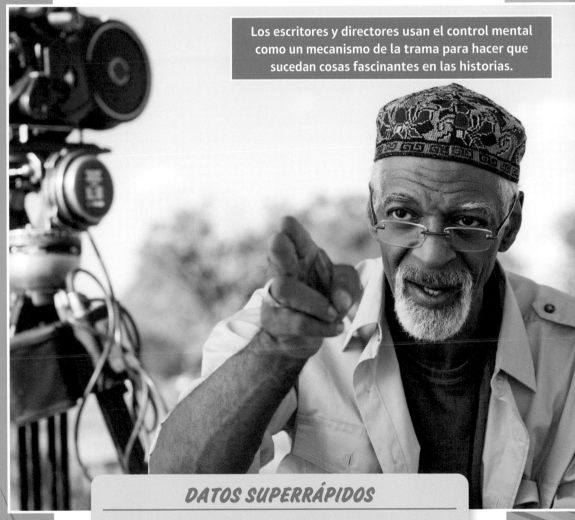

Los escritores y directores usan el control mental como un mecanismo de la trama para hacer que sucedan cosas fascinantes en las historias.

DATOS SUPERRÁPIDOS

Cuando estás despierto, tu cerebro genera la suficiente electricidad como para encender una bombilla.

Los espías de ficción pueden usar el control mental para lograr lo que quieren. Los agentes secretos usan un líquido de la verdad, o un suero, para enterarse de las cosas que los villanos pueden estar ocultando. A veces, el suero se inyecta como una inyección. Otras veces, los espías en las historias de fantasía lo meten en una bebida. Entonces, esperan que el villano empiece a hablar. Es posible que los malhechores no sepan que están ventilando sus secretos, incluso mientras lo están haciendo.

El control mental se podría usar para salvar el día. También podría ser una herramienta peligrosa. Los criminales se podrían enterar dónde están las posesiones más valiosas de las personas y podrían robarlas.

Todos tienen secretos. Con el control mental, puedes enterarte de los secretos de cada persona. Saber cada pequeño detalle sobre alguien puede hacer que pienses distinto acerca de ellos, incluso si se trata de un amigo cercano o de un familiar.

En las películas, los malhechores a veces inyectan el suero de la verdad para lograr que los héroes revelen secretos.

PODER ANIMAL SORPRENDENTE

Un parásito con poderes de control mental vive dentro de los ratones. ¡El parásito hace que el ratón le pierda el miedo a los gatos! Quiere que el gato se coma al ratón para poder vivir dentro del gato. Entonces, el parásito termina en las heces del gato. Un nuevo ratón hurga en las heces y el ciclo comienza nuevamente.

Algunos ratones tienen parásitos que alteran sus mentes.

CAPÍTULO 3
CONTROL MENTAL MODERNO

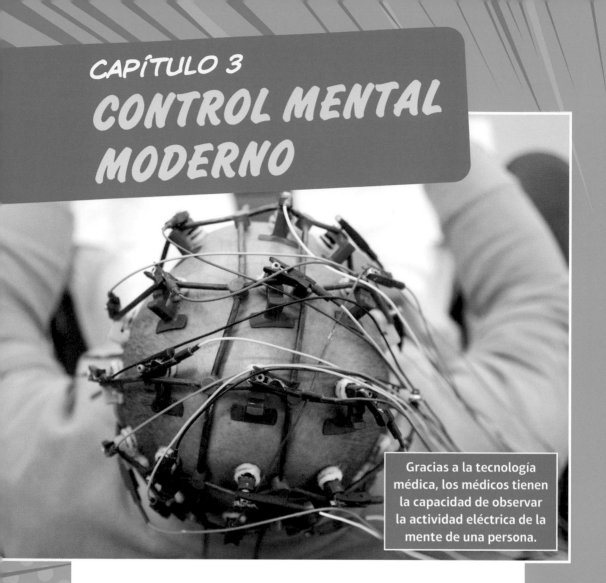

Gracias a la tecnología médica, los médicos tienen la capacidad de observar la actividad eléctrica de la mente de una persona.

Aunque las técnicas de lectura de la mente que se ven a menudo en las películas no son reales, la tecnología de lectura de la mente puede ayudar a los científicos y a los médicos a comprender mejor a las personas y a los pacientes. Máquinas especiales controlan la actividad eléctrica en el cerebro. Por ejemplo, si una persona está pensando en algo que la enoja, ocurre actividad eléctrica en determinadas partes del cerebro. La máquina puede controlar y registrar esa actividad.

Algunas personas se preocupan por la posibilidad de que la tecnología de la lectura de la mente vaya demasiado lejos. ¿Qué sucede si podemos leer más de una emoción? Por ejemplo, ¿qué sucede si una persona pensó en cometer un delito? ¿Los oficiales de policía deberían intentar evitar que una persona cometa un delito del que solo pensaron?

Usar el control mental para evitar el delito podría violar los derechos de las personas.

Las máquinas de escaneo del cerebro pueden ayudar a los médicos a encontrar afecciones médicas anteriormente desconocidas antes de que ocurran. Pueden descifrar si el cerebro de una persona podrá aprender algo con facilidad o no. Un médico puede descubrir que un niño pequeño tendrá problemas para aprender a leer. Los padres y maestros pueden comenzar a ayudar a ese niño de inmediato. Otras afecciones, como trastornos de la atención o depresión, se pueden encontrar y tratar de manera temprana también.

Los escaneos del cerebro son herramientas útiles para que los médicos se enteren más sobre la actividad cerebral y el estado de salud de una persona.

Viendo distintos análisis a lo largo un período de tiempo prolongado ayuda a los médicos a ver si nuestros cerebros están sanando o empeorando después de una lesión. Esas mismas máquinas pueden ayudar a llevar un registro de cómo envejecen nuestros cerebros y nos pueden alertar de la posibilidad de trastornos de la memoria como el mal de Alzheimer o la demencia. Conseguir tratamiento lo más pronto posible puede ayudar a evitar o retrasar la pérdida de la función cerebral.

Los escaneos del cerebro permiten a los médicos ver actividad inusual o cambios que tienen que abordarse.

Los compositores pueden usar tecnología moderna para hacer música nueva. Usan gorros llamados compositores cerebrales que miden las ondas cerebrales. Quien lo usa piensa en una canción, y el gorro recoge las ondas cerebrales y las convierte en música simple. Un dispositivo similar puede ayudar a las personas a abrir candados con la mente. El usuario piensa en los números de un código de acceso. Si los números son correctos, el candado se abre.

Algunos técnicos imaginan un mundo en que los teclados, las pantallas táctiles y los volantes ya no sean necesarios. Controlar la tecnología con la mente puede ser más rápido, más fácil y más seguro.

Los gorros conectados a las computadoras pueden supervisar la actividad eléctrica en el cerebro.

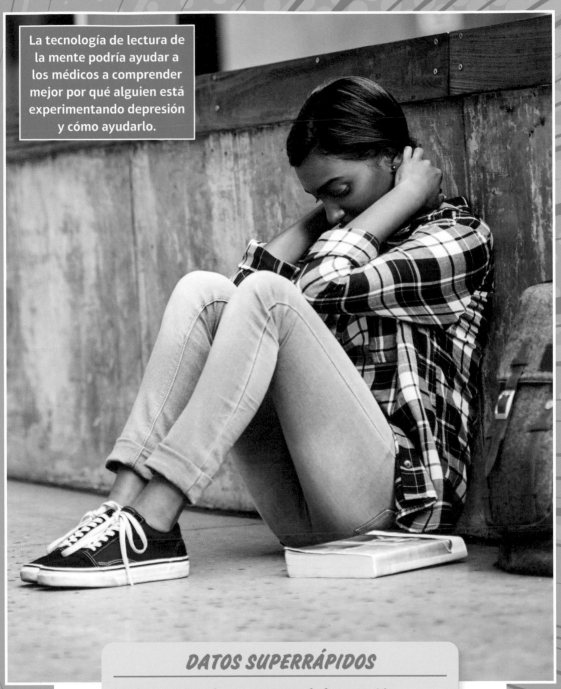

La tecnología de lectura de la mente podría ayudar a los médicos a comprender mejor por qué alguien está experimentando depresión y cómo ayudarlo.

DATOS SUPERRÁPIDOS

La depresión y los trastornos de la atención afectan a las personas de todas las edades. Millones de personas sufren de una afección o de ambas.

El campo médico está desarrollando formas nuevas e increíbles de usar dispositivos de control mental. A veces, la mente de una persona está saludable, pero su cuerpo necesita ayuda para sobrevivir. Sus vidas pueden ser más fáciles con la tecnología médica más reciente.

La tecnología de chip cerebral permite a las personas paralizadas que no pueden hablar controlar computadoras con la mente. Pueden usar esta tecnología para comunicar sus necesidades. Un día, es posible que puedan hacer que sus pensamientos se conviertan en texto, lo cual les permitirá comunicarse directamente con sus seres queridos nuevamente. También podrían controlar sus sillas de ruedas con la mente.

El futuro del control mental puede comenzar con partes del cuerpo artificiales.

AVANCE DE LA CIENCIA Y LA TECNOLOGÍA

Los pacientes usan dispositivos llamados prótesis para reemplazar extremidades que faltan. Tradicionalmente, las prótesis se sujetaban al cuerpo de quien las usaba. El movimiento del cuerpo controlaba la extremidad. Pero las extremidades biónicas leen señales de los músculos de la persona. También pueden reaccionar a señales eléctricas del cerebro y los nervios. Como las prótesis se comunican con el cerebro del modo en que los músculos lo hacen, la persona puede usar la mente para controlar la prótesis de la misma manera en que moverían su extremidad natural.

CAPÍTULO 4
CONTROLAR EL FUTURO

Las empresas de tecnología están desarrollando nuevas maneras de permitir que la tecnología y los pensamientos humanos se fusionen a la perfección.

Las empresas tecnológicas gigantes están pensando en cómo funciona nuestro cerebro. Están invirtiendo mucho dinero para crear nueva tecnología de control mental. Lo que alguna vez se imaginó en las historietas y las películas está cada vez más cerca de hacerse realidad.

Una empresa de tecnología está haciendo un brazalete especial. Permitirá a las personas controlar sus teléfonos y computadoras con el cerebro. Decodifica señales eléctricas del cerebro y descifra lo que el usuario quiere hacer. Las personas no tendrán que tocar nada. Un pensamiento y podrían escribir un mensaje, hacer clic en un enlace o compartir una fotografía.

En el futuro, podrás pensar en un mensaje de texto en lugar de tipearlo.

Otras empresas de tecnología están creando interfaces entre el cerebro y la computadora. Usan hilos específicos que se pueden implantar en el cerebro. ¡Un día, los hilos pueden permitirle controlar su teléfono inteligente o computadora con el pensamiento!

Hilos especiales implantados en el cerebro pueden ayudarnos a interactuar con la tecnología usando los pensamientos.

El cerebro de un adulto pesa unas 3 pulgadas (1.4 kg). Usa aproximadamente el 20 por ciento de la energía del cuerpo.

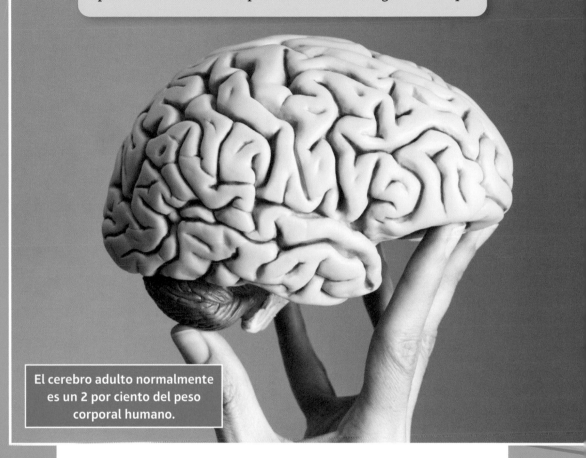

El cerebro adulto normalmente es un 2 por ciento del peso corporal humano.

En el futuro, podrías reproducir un videojuego sin tener que tocar el mando. En vez de presionar una combinación de botones para realizar una acción, un pensamiento simple bastará. Los jugadores que puedan no tener la habilidad física como para sostener un mando o hacer clic en un mouse finalmente podrían tener la oportunidad de jugar en un campo de juego equilibrado con otros. Esto hará que los videojuegos sean más inclusivos para todos.

Es posible que los soldados un día controlen drones con la mente.

El ejército de los Estados Unidos está intentando crear armas que se controlen con el cerebro. Los soldados operan drones a control remoto. Usan cámaras montadas en los drones para ver dónde están yendo. Pero los drones controlados por las mentes de los pilotos podrían volar mejor y responder más rápido.

El control mental es más que un superpoder. Emparejado con la tecnología, tiene el potencial de lograr una repercusión positiva para todos. Cambiará la forma en la que interactuamos con los demás. Podría hacer que sea más rápido comunicarse o hacer que los juegos estén disponibles para todos. Incluso puede mejorar las vidas de las personas enfermas y heridas. ¡Se puede soñar con posibilidades fascinantes!

¡EL SUPERHÉROE ERES TÚ!

¿Quieres probar un truco de magia realmente genial que engañe a tu cerebro? ¡Haz un lápiz de goma! Tus amigos no creerán lo que verán. Así es como hacer que este truco sea real.

Sostiene el lápiz de la goma de borrar entre el pulgar y el índice. Muévelo hacia arriba y hacia abajo. Juega con distintas velocidades hasta que se bambolee como goma. Haz alarde de tu nuevo truco. ¿Tus amigos piensan que realmente es un lápiz de goma?

GLOSARIO

depresión: un trastorno de la salud mental que interfiere con la vida cotidiana de una persona

gesto: un movimiento de la mano o de la cabeza para expresar una idea o significado

hipnotismo: el acto de poner a alguien en un trance hipnótico

lavar el cerebro: cambiar las creencias de una persona a través de técnicas de control mental

parásito: un organismo que vive dentro o sobre un animal de otra especie y usa a ese animal para obtener comida, para crecer o para multiplicarse

prótesis: una parte del cuerpo artificial

táctil: algo que se puede sentir a través del tacto

terapia: tratamiento físico o mental de una lesión, enfermedad o trastorno

trastorno: una enfermedad o problema que altera las habilidades físicas o mentales normales de una persona

MÁS INFORMACIÓN

Bloom, Molly Hunegs. *Brains On! Presents…It's Alive: From Neurons and Narwhals to the Fungus Among Us.* New York: Little, Brown and Company, 2020.

Drimmer, Stephanie Warren. *Brain Games: Mighty Book of Mind Benders.* Washington, D.C.: National Geographic, 2019.

Easy Science for Kids: Hypnosis
https://easyscienceforkids.com/hypnosis/

Furgang, Kathy. *Using Your Brain.* New York: Enslow Publishing, 2020.

Kiddle: Mind Control
https://kids.kiddle.co/Mind_control

Mindfulness for Kids
https://www.mindful.org/mindfulness-for-kids/

ScienceKids New Zealand–Brain Machine Interface Video
https://www.sciencekids.co.nz/videos/technology/mindcontrol.html

Silverman, Buffy. *Cutting-Edge Brain Science.* Minneapolis: Lerner Publications, 2020.

ÍNDICE

Créditos por las fotografías